GAMAL ABDEL NASSER

Depuis le 8 octobre 2002, le service des manifestations culturelles de la Bibliothèque nationale de France, représenté par Jean-Marc Terrasse, et la revue *Histoire*, représenté par Valérie Hannin, organisent conjointement des cycles de conférences. Devant l'intérêt manifesté par le public, il est apparu utile d'en proposer les textes remaniés pour la lecture.

Ainsi est née l'idée de cette collection Bayard-BNF.

Dans la même collection

Catherine II
par Hélène Carrère d'Encausse

Jules Ferry
par Mona Ozouf

Pierre Mendès France
par Michel Winock

Jean
Lacouture

GAMAL ABDEL NASSER

ISBN 2.227.47494.7
© Bayard, 2005
3 et 5, rue Bayard, 75008 Paris (France – UE)

De l'homme qui a tenu l'Égypte entre ses mains pendant près de vingt ans et qui ne cesse depuis lors de hanter la conscience des Arabes, je ne crois pas pouvoir proposer un vrai bilan de carrière. Plutôt une évocation du personnage, et du caractère proprement extraordinaire de son évolution.

Les personnages que nous sommes appelés à évoquer ici sont qualifiés d'«hommes d'État». Aux yeux d'un élève de l'université française, est ainsi qualifié celui qui, face aux désordres publics, introduit un ordre et une rationalité. Est-ce bien le cas de Gamal Abdel Nasser?

Il se trouve que j'ai rencontré cet homme à diverses reprises, observé de près son action pendant trois ou quatre ans, de plus loin – mais avec attention – pendant les quinze années qui ont suivi. Si on me demande de reconnaître en lui les vertus qui viennent d'être évoquées, ma réponse est d'abord négative, sur le long terme, et m'impose de le ranger plutôt dans une autre catégorie, qui est celle des « héros » – dans un sens positif et négatif à la fois. L'homme d'État instaure. Le héros entraîne. L'homme d'État régule. Le héros demeure dans un autre espace, celui de l'inspiration et de l'imaginaire.

Ce qui fait l'extraordinaire intérêt du personnage et de la carrière de Nasser, c'est que, à l'inverse de précédents fameux, chez lui la démarche d'homme d'État a précédé l'élan héroïque. Qu'en lui Cavour a précédé Garibaldi…

Je n'ai pas suivi l'entière carrière de Gamal Abdel Nasser avec la même assiduité que pendant les premières années, mais j'ai vu ce personnage, sorti de sa caserne pour devenir un homme d'État prometteur, se transformer en héros populaire, passer de la culture des valeurs rationnelles au registre émotionnel. La référence à Max Weber est inévitable : Nasser est passé de l'éthique de responsabilité à l'éthique de conviction. Bien sûr, les deux démarches ne se contredisent pas fondamentalement à tout instant.

On peut être fidèle à des responsabilités et animé par les élans de la conviction. Tel fut souvent le cas chez Gamal Abdel Nasser, appelé le Raïs, celui qui dirige, le « patron ». Mais on pourrait soutenir que de ces fonctions de la maturité, il est passé à celles de zaïm, celui qui entraîne, celui qui inspire, celui qui par sa parole incite à l'héroïsme. Observation qui, naturellement, pourrait faire l'objet d'un débat.

Débarquant en Égypte en 1953, huit ou neuf mois après la prise du pouvoir par l'organisation des « officiers libres », dont Nasser était l'animateur et le patron, j'ai cru voir, en ce grand lieutenant-colonel basané, naître un homme d'État. On le voyait passer de la réforme agraire à l'épuration de la vie politique, des négociations en vue de l'évacuation des troupes britanniques au projet d'unification du haut barrage d'Assouan. Dans ce pays à la fois si antique et si adolescent, j'ai cru voir s'affirmer la raison au pouvoir ; j'ai cru deviner l'homme d'État en gestation, assez raisonnable pour reporter à plus tard l'aménagement décisif des relations entre l'Égypte et l'État d'Israël.

Ce n'est qu'après trois ans de cette austère gestion qui promettait beaucoup dans le domaine de la conduite d'État, que le leadership nassérien prend, pendant l'année 1955, un cours tumultueux, un style plus ou moins messianique : celui de la personnification du héros. C'est le moment où la tragédie des hommes se substitue à l'administration des choses sous des formes que je vais tenter d'évoquer : le réarmement, le durcissement policier, le déchaînement de la radio dite « voix des Arabes », l'envol sur le « tapis magique » du panarabisme, le style forcené donné à la nationalisation, juste en son principe, de la Compagnie de Suez, l'aventure avortée de la République arabe unie et bien sûr les affrontements suicidaires avec Israël.

Le jeu des forces qui conduisit Gamal et son peuple aux légendaires funérailles en forme de noces d'octobre

1970 pouvait-il être maîtrisé par un véritable homme d'État, par un Richelieu, un Cavour, un Bismarck, voire un Bourguiba de la vallée du Nil, surgi d'un univers de fièvres et de frustrations intenses ? Un homme pouvait-il les rationaliser plutôt que les incarner en les chevauchant ? Le cours du fleuve humain Égypte pouvait-il être canalisé comme l'ont été les eaux du Nil ? Je vais tenter de suggérer, non une réponse, mais quelques éléments de réponse.

Avant de juger l'action de Gamal Abdel Nasser, comme celle de n'importe quel homme d'État (ou comme celle d'un héros), il faut essayer d'évaluer la situation où était son pays au moment où il s'est saisi des responsabilités. Où en était l'Égypte en 1952 ?

L'État millénaire est alors une extraordinaire bigarrure, et même une bigarrure en décomposition. Ismaïl Sidki Pacha, un dirigeant égyptien d'assez grande stature, qui essayait de mettre un peu d'ordre et de raison dans l'Égypte démente de la fin de l'année 1951 et du début de 1952, alors interrogé par mon ami Ibrahim Farhi pour le journal La Bourse égyptienne, lui répondait : « Mon cher, l'Égypte, aujourd'hui, c'est un pas en avant et deux pas en arrière. Si tout continue comme ça, dans un siècle l'Égypte pourrait se retrouver dans l'état du Yémen. » Point de vue formulé par un homme particulièrement lucide.

En vue de décrire l'Égypte du début de 1952, le seul mot qui peut venir à l'esprit est celui de décomposition : la valse des ministères est plus caricaturale encore que celle qui connaissait notre IVe République en 1958, avec le même dénouement... Cette valse tournoyante aurait pu être plus ou moins ordonnée ou canalisée par le chef de l'État, mais ce chef est, à cette époque, le roi Farouk. Cet homme, montant sur le trône, avait donné de grands espoirs, son avènement coïncidant avec la reconnaissance de l'indépendance égyptienne par la Grande-Bretagne (indépendance comportant quelques restrictions). Le parti au pouvoir était le Wafd, que l'on pouvait qualifier de démocratique, décemment élu, dirigé par des hommes qui avaient un certain sens des réalités et en qui le peuple se reconnaissait. Mais Farouk s'était, quant à lui, abîmé dans une noce crapuleuse. Son embonpoint ridicule faisait de lui une caricature... Il avait perdu toute autorité politique et morale, étant plus ou moins le jouet d'intrigues de l'ex-colonisateur (ce sont des choses que nous-mêmes, Français, connaissons bien, les ayant pratiquées...).

Cette situation de désordre crépusculaire, d'affaissement général, avait abouti à une tragédie : l'incendie du

Caire de décembre 1951, catastrophe organisée. On a évoqué la complicité du souverain, soucieux, dans le désordre intense, de rétablir une autorité absolue. Plus évident est le rôle des partis extrémistes « Chemises vertes » et « Frères musulmans », que l'on a repérés dans l'émeute. L'incendie détruisit une grande partie du centre du Caire, quelques-uns des plus grands hôtels où habitaient des étrangers, notamment le fameux hôtel Shepheard.

Tragédie à la mesure de l'histoire de ce pays et dont la profondeur fut résumée par la réponse du chef d'état-major de l'armée au ministre de l'Intérieur qui lui demandait de faire intervenir l'armée. « Vous n'y pensez pas, elle risquerait de rejoindre les émeutiers ! » C'est dire l'état où se trouvait alors ce pays.

De plus, il y a derrière tout cela la terrible défaite, en 1948, des armées arabes face à la naissante armée israélienne, humiliation d'autant plus profonde qu'elle était accompagnée de malversations et de trafic d'armes progressivement dévoilés.

Le régime est donc en état d'évanescence et de déshonneur. Dans l'armée, pourtant, tous ne sont pas désespérés ou impuissants. Quelques hommes se concertent depuis d'assez longues années déjà. Ce ne sont pas des personnages connus, mais une centaine de colonels, de lieutenants-colonels, des commandants, des capitaines. Ils ne se sont pas retrouvés au lendemain de l'humiliation de la guerre de 1948 contre Israël, comme cela a souvent été dit, ils se réunissaient déjà dix ans auparavant, lors de la guerre mondiale.

Dans ses Mémoires, Anouar al-Sadate, qui ne manquait pas d'imagination, assure même qu'ils se réunissaient dès 1938, peu après leur entrée dans l'armée. Sadate précise cette date et le lieu même de l'enfantement de cette conspiration militaire, un petit village à la frontière de l'Égypte et du Soudan, Mankabad. C'est dans ce village qu'aurait été prononcé le « serment de Mankabad », prêté par trois hommes : Gamal Abdel Nasser, Zakariyya Mohieddine et Sadate, le « noyau dur » de la conspiration. Laquelle aurait pris corps à partir de 1942.

Pourquoi ? Parce que, du fait de la progression de Rommel et de l'Afrikakorps vers Alexandrie, les Anglais, inquiets à juste titre des menaces qui pesaient sur l'Égypte, imposèrent au roi Farouk un changement de gouvernement et la remise du pouvoir au Wafd, le seul parti qui, se réclamant de la démocratie, se déclare contre l'Axe et les nazis. Excellente idée ? Humiliation pour les jeunes patriotes égyptiens, comme Anouar al-Sadate, qui, sympathies ou non pour l'Axe, tiennent en tout cas les Anglais pour l'ennemi numéro un. Moins pour une question d'idéologie que de souveraineté égyptienne : il est insupportable pour ces jeunes officiers que l'occupant anglais impose à l'Égypte un gouvernement, quel qu'il soit.

La conspiration de 1942 va naturellement s'élargir après la défaite de Palestine, imputée à la désorganisation de l'État et à des malversations de l'état-major et du gouvernement : elle devient une force montante à travers l'Égypte de la fin des années 1940 et du début des années 1950. À partir du grand incendie du Caire de la fin de 1951, les jours du pouvoir sont comptés. Il est alors évident qu'une action va être déclenchée, soit par le roi pour récupérer le pouvoir absolu, soit par les officiers pour imposer une force jeune et respectable.

L'événement se produit le 23 juillet 1952, six mois après l'incendie du Caire. Faut-il la qualifier de coup d'État ? Certains préfèrent parler plutôt de « coup d'état-major ». C'est sans coup férir qu'une centaine d'officiers de rang relativement modeste s'emparent des locaux de l'état-major de quelques casernes de la région du Caire. L'opération semble avoir provoqué deux morts, celles de sentinelles qui ont tiré et ont été abattues.

Les officiers contrôlent d'emblée les locaux du pouvoir, de la radio, où Sadate lit un texte rédigé par Nasser, qui annonce au peuple égyptien que le pouvoir a changé de mains, qu'il est assumé par un groupe de patriotes militaires : bien que le régime ne soit pas encore défini, le roi, ayant profondément démérité, doit être exclu du pouvoir. Provisoirement, celui-ci est donc aux mains des officiers.

Il est assez frappant qu'au moment où ils se saisissent du pouvoir, les douze principaux officiers de l'Organisation des officiers libres présidée par Gamal Abdel Nasser, n'ait pas de programme très précis au-delà du renversement de Farouk et des hommes de la cour. Ont-ils en vue un régime plus ou moins autoritaire ? Une république, simplement.

La seule décision prise la première nuit consiste à faire appel à un homme plus connu que ces jeunes officiers dont chacun ignore le nom en dehors de leur entourage, et des professionnels : ils choisissent un chef qui s'est distingué pendant la guerre de Palestine, le général Mohammed Naguib, connu pour son courage et son incontestable désintéressement, ce qui n'est pas très courant à cette époque dans l'armée égyptienne.

On va quérir Mohammed Naguib, qui, un peu surpris, accepte immédiatement ces responsabilités. Mais il faut un chef de gouvernement. Naguib ne connaît pas les arcanes de la vie politique, ni les rapports internationaux. Nasser désigne, dans le personnel politique, le moins corrompu, en tout cas l'un des cinq ou six premiers ministrables de l'époque, qui s'appelle Ali Maher. Il a souvent négocié avec les Anglais, et il est considéré comme un patriote. Mais que faire de Farouk ? C'est encore Nasser qui décide : le roi ne sera pas exécuté, ni même jugé, mais il sera embarqué sur son yacht, vers l'Europe. Honorable modération.

Ce qui caractérise pour l'instant ce coup d'État, c'est son caractère peu sanglant, bien que réalisé par des militaires. J'ai déjà cité à de nombreuses reprises le personnage clef de l'affaire, Gamal Abdel Nasser. Tout le monde le reconnaît comme tel, et, quand il y a une décision à prendre dans les locaux de l'état-major, tout le monde se tourne vers lui. Alors, qui est-il ?

À l'époque, à trente-trois ans, il est lieutenant-colonel (*bikbachi*). Professeur à l'école d'état-major, il est considéré comme un bûcheur, assez taciturne pour un Égyptien. Il vient d'une famille modeste. Né dans un petit village de Haute-Égypte, Beni Morr, son père est facteur à Alexandrie. Il revient quelque temps dans le village paternel, puis part vivre au

Caire, où il reçoit une éducation dans une école copte (chrétienne). Il fait de vagues études de droit, puis entre dans l'armée.

Gamal se caractérise à l'époque par un nationalisme militant, mais pas véritablement déterminé. Il fréquente quelque temps les Frères musulmans, puis les Chemises vertes (fascistes), et enfin l'aile gauche du Wafd; il semble qu'il ait également des fréquentations du côté des marxistes. Il est donc en quête d'une identité et d'une structure qui puissent lui permettre de mener la lutte nationale à son terme.

Il ne faut pas oublier qu'à cette époque l'Égypte est encore assez largement occupée par les Anglais, bien qu'ils se retirent progressivement sur la zone du canal. L'ambassade d'Angleterre au Caire et l'état-major de Sa Majesté y exercent ce qui n'est plus un protectorat, mais une lourde et très voyante influence, insupportable à Gamal et aux siens.

Au moment du coup d'État, ce sont des hommes qui ont entre vingt-cinq et trente-huit ans, en général d'origine paysanne, et qui sont montés dans l'échelle sociale grâce à ce que l'on pourrait appeler la voie militaire. Alors que leurs pères rêvaient d'être fonctionnaires civils – le père de Nasser était facteur – ils ont choisi quant à eux d'être militaires à une époque où l'armée s'est ouverte aux classes populaires, en 1936. Ils ont pensé qu'elle pouvait être à la fois une voie d'ascension sociale et le moyen de libérer le pays, ce qui est leur obsession principale.

Tels sont ces jeunes gens qui s'emparent du pouvoir, le 23 juillet 1952, sous la direction de Nasser et la houlette bienveillante du général Naguib, et avec l'aide de l'expert politique qu'est Ali Maher. L'Égypte n'est plus une monarchie, elle deviendra une république en juin 1953.

Peut-on trouver, en tout cela, une orientation idéologique ? Ces officiers ont tous, comme leur mentor Gamal Abdel Nasser, cherché des réponses chez les **F**rères musulmans, dans l'aile gauche ou activiste du Wafd, ou encore dans le parti dit « socialiste », qui est en réalité un parti fasciste. **S**adate a milité quelque temps parmi les **F**rères musulmans. **M**ais, à vrai dire, il n'y a pas parmi eux de ligne politique précise, en tout cas de « ligne » idéologique.

Un des journaux pour lesquels je travaillais me demandait à l'époque quelle couleur choisir pour définir ce régime : noir, rouge, brun ? **J**'ai répondu que la seule couleur possible en était le kaki, celui des militaires. Les origines, les formations divergeaient, mais sans dominante particulière. **C**'était une nébuleuse militaire assez compliquée et sans définition claire.

Faute d'idéologie centrale, pouvait-on définir ce mouvement par les objectifs, les priorités, les premiers actes des officiers ? Ils parlaient assez volontiers, sauf Nasser, qui se tenait un peu à l'écart – je n'ai pu le rencontrer qu'après sept mois d'attente. Il renvoyait en règle générale à un porte-parole, Sadate par exemple, mais donnait également des conférences de presse, et l'on pouvait tirer, sinon une définition idéologique, au moins la définition des priorités.

La première est l'évacuation des Britanniques. Ces jeunes nationalistes ne peuvent supporter qu'une armée étrangère campe encore sur leur sol, fût-ce sur la zone du canal de Suez. La seconde est l'épuration de la vie publique. Il faut dire que les scandales se multipliaient. D'où une épuration qui n'alla pas sans violences abusives. Les procès, présidés par les principaux officiers du régime, ne rendirent pas toujours ce que l'on peut appeler la justice...

Le troisième objectif est la réforme agraire. Il est vital. Les campagnes égyptiennes sont aux mains de quelques pachas, possédant des domaines de près de 10 000 hectares, alors que le delta du Nil, seul fertile, n'est pas l'immense Russie du XIXe siècle. Accaparement scandaleux, vécu comme tel. De la réforme agraire, aucun régime digne de ce nom en Égypte ne pouvait faire l'économie. Nous l'avons vue s'opérer sans violences abusives ni scandales latéraux. Résistances, oui. Réaccaparement aussi. Mais, telle qu'elle s'est faite, la réforme a contribué à un certain assainissement de la société égyptienne.

Dernière priorité, un peu en retrait : la construction du fameux haut barrage sur le Nil, prévue depuis de longues années déjà. Un ingénieur grec avait suggéré la construction, au-delà du barrage d'Assouan, d'un ouvrage qui emmagasinerait la totalité des eaux du Nil. (Pendant son court passage en Égypte, Bonaparte avait déjà fait cette remarque : « Si j'étais au pouvoir dans ce pays, pas une goutte d'eau du Nil n'arriverait à la mer, toute serait destinée à l'irrigation du pays. ») Idée que le haut barrage mettra en application, non sans entraîner l'Égypte dans les convulsions que l'on sait.

Où trouver en tout cela une dimension proprement arabe d'une part, islamique de l'autre ? Ces officiers sont de bons musulmans, mais le mot d'ordre n'est pas affiché comme tel. Peu après leur arrivée au pouvoir, je les ai vus recevoir des représentants d'autres religions, des prêtres coptes, un rabbin, etc. Volonté de laïcité ? Non, ce n'est pas le mot, mais d'une certaine ouverture sur le plan religieux.

Je n'ai pas encore formulé le mot d'Israël. Pourquoi ? Parce qu'à cette époque, lors des premières conférences de presse auxquelles j'ai assisté, qu'elles soient tenues par Sadate ou Salah Salem, on ne le prononçait pas. Au cours de la dernière, à laquelle Nasser avait assisté un moment avant de se retirer, le nom d'Israël n'ayant pas été évoqué, l'un des journalistes posa la question. Les officiers répondirent que cela ne fait pas partie de l'ordre du jour.

L'un de nous demanda à Salah Salem : « Voulez-vous acheter des armes ? » Il lui répondit sèchement :

« Nous préférons acheter des tracteurs. » Simple esquive ? Quoi qu'il en soit, qu'ils aient seulement acheté des tracteurs ou non, nous verrons que l'achat des armes n'interviendra que plus tard.

J'ai essayé de définir ce régime par ses composantes. Il a donc pour chef de file Gamal Abdel Nasser, qui est resté d'abord dans l'ombre, parmi les siens, puis dans celle du général Naguib. Mais, dès le moment où j'arrive en Égypte, en mars 1953, chacun dit que le véritable chef n'est pas Naguib, mais le *bikbachi* Gamal Abdel Nasser. C'est à lui qu'il faut s'adresser, ce que je ferai un peu plus tard.

Gamal Abdel Nasser

Un jour de juin 1953, Abdel Nasser prononce son premier grand discours devant le peuple du Caire, pour proclamer la république : il est encore assez maladroit. Nous aurons une première entrevue, ma femme et moi, en décembre 1953, avec un Gamal Abdel Nasser qui n'est encore officiellement que le numéro deux. Le personnage se caractérise alors par l'austérité et la réserve. Cette entrevue a lieu dans un petit édifice qui avait été l'amirauté du roi Farouk, au bord du Nil, à Zamalek. Après l'entretien, je dis à ma femme : « Cet homme est vraiment très intelligent. » Ma femme me rétorque : « C'est vous qui avez parlé tout le temps ! » À la réflexion, j'ai pensé que la forme suprême d'intelligence, chez un homme qui détient le pouvoir et reçoit un journaliste étranger, est de préférer s'informer plutôt que de se dévoiler. Pendant l'heure que nous avons passée pour la première fois avec Gamal Abdel Nasser, j'avais répondu à un feu roulant de questions sur la France et sa place dans l'Europe ; il connaissait assez bien l'Angleterre et la politique anglaise (il était abonné au New Statesman and Nation), mais il était assez ignorant quant à la politique française et à l'Afrique du Nord. Il posa des questions très précises sur l'évolution de l'Afrique du Nord, la Tunisie, nos rapports avec Bourguiba...

La même réflexion a été faite par un homme beaucoup plus considérable que moi, Adlai Stevenson, qui, rendant visite à Nasser à la même époque, en tant que futur candidat démocrate à la présidence des États-Unis, avait dit de lui : « Voilà un homme qui promet : il pose des questions au lieu de donner des réponses. » Gamal Abdel Nasser donnait d'abord l'impression d'être un personnage extrêmement réservé, en voie de formation et de développement.

Le second entretien que j'ai eu avec lui se passa en avril 1954, à l'époque de la rivalité, de l'affrontement entre le général Naguib et le colonel Nasser. Lorsque les officiers avaient pris le pouvoir, les partis avaient seulement été écartés, ils voulaient revenir au pouvoir et ils faisaient le siège du général Naguib, qui, ayant fait carrière sous l'ancien régime, avait des amis dans le monde politique.

Naguib disait à Nasser qu'il serait peut-être temps que les offciers rendent le pouvoir aux politiques, car, après avoir procédé à l'épuration et avoir repris les choses en main sur le plan de la négociation avec les Anglais, il fallait « faire rentrer l'armée dans ses casernes », de peur qu'elle ne se corrompe.

Pour Nasser et son entourage, l'intervention militaire restait indispensable à la cure de désintoxication politique. Le conflit entre les deux thèses a dégénéré en affrontements très violents dans la ville du Caire. J'avais entendu Nasser me dire avec encore une certaine hésitation dans la voix qu'il était encore trop tôt pour «rappeler les politiques». En fait, il excluait l'hypothèse. Désormais, la politique, c'était les hommes de juillet 1952. Naguib fut mis poliment en résidence surveillée, enfoui dans une sorte d'anonymat assez étrange, quand on pense à la violence de la vie politique en Orient.

Quelques mois plus tard, en novembre 1955, j'ai pu constater la transformation profonde du personnage. C'est un homme qui avait pris une densité, une autorité tout à fait différente, dût-on faire beaucoup de réserves sur ce qu'il disait alors. La personnalité s'était affirmée, voire hypertrophiée. En dix-huit mois, l'homme avait profondément changé, mais gardait, en 1955, une retenue et une maîtrise de soi encore assez impressionnantes.

Le grand virage de Nasser, le moment où l'homme est passé de ce statut d'homme d'État en formation, retenu, contenu, dominé par sa raison, à une stature et un style de « héros » politique, de moins en moins contrôlé, est lié à un certain voyage à Bandung où se déroula la fameuse conférence d'avril 1955. Rassemblement des pays dits du Tiers Monde, cette conférence proclama la résurrection du colonisé.

Les leaders du Tiers Monde étaient là, l'Inde et la Chine étant représentées par les deux grands personnages qu'étaient Nehru et Chou En-lai, mais aussi des pro-occidentaux comme l'Irakien Noury Saïd, qui était à l'époque le champion de la politique anglaise.

Nasser, qui, en tant que Premier ministre, représentait l'Égypte, s'en est trouvé transformé ; il s'est découvert héros, non seulement de l'Égypte, mais du monde arabe, voire de l'Afrique. Il a été salué comme tel, accueilli en frère par des hommes d'une dimension historique considérable, comme Nehru et Chou En-lai. Il s'est vu conférer une stature de représentant de masses considérables. Et lui qui n'avait cessé de pourchasser les communistes, a reçu de la prison du Caire un télégramme des dirigeants du PC égyptien saluant son héroïsme et le rôle historique qu'il remplissait. N'y a-t-il pas là de quoi le mettre en ébullition ?

Alors le personnage s'est réellement métamorphosé. Je l'avais vu peu de temps avant son départ pour Bandung ; j'ai eu l'occasion de le revoir très peu après son retour et de constater qu'il était devenu un autre homme. Il regardait sa propre statue. Non que la lucidité l'ait abandonné. Il n'était pas devenu fou quoique les circonstances historiques très étranges l'aient conduit à quelques débordements... Mais je dirais que le passage de l'apprenti homme d'État au héros populaire s'est opéré à partir de là.

Deux autres facteurs vont intervenir pour transformer sa personnalité. Le premier est la montée des périls par rapport à Israël. En 1955, à une époque où les relations entre l'Égypte et Israël semblaient calmes, des commandos palestiniens de Gaza armés par l'Égypte, avaient fait une incursion en Israël. David Ben Gourion, qui venait de revenir au ministère de la Défense, monta à El-Auja une opération punitive qui fit près de cinquante morts égyptiens. C'est à partir de là que Nasser a ouvertement réarmé.

L'Occident lui ayant refusé son aide, à la demande d'Israël, il s'est alors adressé à l'Est, acquérant les fameuses armes « tchèques », qui étaient en réalité des armes russes passant par la Tchécoslovaquie. Cette acquisition d'armes qui n'étaient pas occidentales a valu à Nasser un surcroît à la popularité qu'il avait acquise lors de la conférence de Bandung. Le caractère de plus en plus fiévreux que revêtent désormais les relations avec Israël contribue à lui donner une stature de personnage pathétique, de héros populaire.

Se pose toujours la question du haut barrage d'Assouan, qui est, je l'ai dit, l'un des premiers projets du régime. Pour le financer, les officiers s'adressent à l'Ouest, et plus particulièrement aux banques françaises. J'ai vu défiler au Caire un certain nombre de banquiers français tentés de se lancer dans l'aventure ; c'était un placement prometteur. Mais des difficultés s'élevèrent avec les Américains : le lobby cotonnier américain n'était pas favorable à un développement de l'agriculture égyptienne, qui produisait le meilleur coton du monde et qui allait faire concurrence au coton américain.

Le 10 juillet 1956, enquêtant en Iran, je tombai sur une dépêche de l'Agence France-Presse, qui était une déclaration de John Foster Dulles, secrétaire d'État des États-Unis. Il y était affirmé qu'étant donné l'état catastrophique de l'économie égyptienne, les capitaux occidentaux ne sauraient actuellement se diriger vers l'Égypte. Point de vue défendable à certains égards, mais le ton choisi par le ministre américain était proprement insultant pour les Égyptiens.

Il se trouve qu'au moment où cette dépêche fut publiée, Nasser se trouvait chez son ami le maréchal Tito. Les deux indignations se combinèrent pour préparer une riposte au coup de cravache américain. Elle pouvait prendre des formes très diverses, la première étant la signature d'un accord de défense entre l'Égypte et l'Union soviétique.

La réaction de Nasser fut tout autre. Elle eut lieu quelques jours plus tard, à l'occasion du quatrième anniversaire de la révolution égyptienne, le 26 juillet 1956. Élu président depuis six mois, Gamal Abdel Nasser convoque un grand meeting à Alexandrie, la ville du commerce international, pour un discours qui, m'avait annoncé son directeur de cabinet, Ali Sabri, « ferait mal ».

Alexandrie vrombissait de rumeurs menaçantes. Nous nous sommes retrouvés sur la tribune, derrière le chef d'État égyptien, attendant le coup d'éclat. Après un assez long développement sur les rapports internationaux jaillit cette déclaration : « Las des injures que nous inflige l'Occident, je prends le canal », ponctuée d'un éclat de rire qui a été très largement commenté dans la presse internationale. Le canal est situé entièrement en terre égyptienne, et d'après la loi internationale la compagnie qui le gérait devait revenir à l'Égypte sept ans plus tard. Nasser prenait de l'avance, il le faisait sur un ton provocant, et son discours fut suivi de mesures et de déclarations qui étaient de purs défis à l'Occident. Ayant reçu l'injure des seuls Américains, il se vengeait en premier chef sur les Franco-

Britanniques, à qui appartenait la Compagnie universelle du canal.

J'ai pensé d'abord, en tant que témoin, que les réactions de l'Occident allaient prendre la forme d'un blocus économique, mais au bout de quelques jours j'ai réalisé que la riposte pouvait être de caractère militaire. Ce fut cette expédition de Suez qui a offert de couper les ponts entre l'Égypte et l'Occident, qui a offert, avec l'appui de la France et de l'Angleterre, une victoire décisive à Israël, et n'a valu que déboires aux Français et aux Britanniques.

Histoire stupéfiante : ce sont les Américains qui avaient sciemment déclenché la crise internationale, par la déclaration de Foster Dulles. Ce sont eux qui y mirent fin en imposant aux Franco-Britanniques, par la menace, le plus humiliant des replis.

Géniale intrigue de la diplomatie américaine pour chasser d'Orient Paris et Londres ? Ou inconséquence grossière de M. Dulles ? Ainsi Nasser est-il entré dans l'histoire, dans la légende, comme le personnage du défi relevé face à l'Occident. C'est alors qu'il est monté sur ce que j'ai appelé quelque part, non sans simplification, le « tapis magique » du panarabisme, qui l'a conduit à cette confrontation avec Israël que, jeune officier, il savait absolument suicidaire, et qu'il avait longtemps voulu éviter. Le choix qu'il a fait de cette politique arabe ou panarabe a provoqué les réactions de l'État d'Israël et il a subi les deux défaites tragiques de 1956 et de 1967. Ainsi l'apprenti homme d'État faisait-il place au « héros » malheureux…

Je ne m'appesantirai pas longtemps sur les déboires de Gamal Abdel Nasser, j'ai préféré vous montrer la création du personnage plutôt que sa désintégration. Encore faudrait-il noter que ce qu'on a appelé la guerre des Six Jours fut la conclusion de la crise internationale qui se développa de mars 1967 au début de juin, assortie de menaces de guerre préventive de part et d'autre – sans parler de la mise en garde adressées par le général de Gaulle à ses interlocuteurs israéliens. Le fait est que l'état-major israélien décida de déclencher une opération, dans un contexte extrêmement tendu, parce que Gamal Abdel Nasser avait offert à Israël ce vrai *casus belli* qu'était la fermeture du détroit de Tiran, véritable poumon de l'État d'Israël vers la mer libre.

À partir du moment où les Israéliens prennent leur décision, ils entreprennent de clouer au sol l'aviation égyptienne, ce qui est accompli en moins d'une heure, le matin du 6 juin 1967. On peut alors souligner une chose étrange : ce personnage dominateur qu'était le président Nasser n'apprit la destruction de son aviation, donc son état d'impuissance, que six

heures après son ennemi à Tel-Aviv.
Ce qui montre que l'État qu'il avait
construit était fragile et donne raison
à Naguib : si vous substituez l'armée
à l'État, vous n'aurez plus d'armée...

Observations qui ne seraient pas
recevables si l'on ne rappelait que le
Raïs foudroyé par Israël est sommé
par les masses du Caire de reprendre
sa démission, de rester à son poste.
Imagine-t-on un Napoléon plébiscité
ainsi après Waterloo ?

* *
 *

Je m'étais d'abord refusé à une éva-
luation du nassérisme. Elle est finale-
ment inévitable. Si prudent que l'on se

veuille, s'agissant d'une histoire qui est encore en ébullition et qui risque de tourner à l'hystérie, je voudrais non pas dresser un bilan, bien sûr, mais tirer une ou deux leçons, dégager, de cette chevauchée plus ou moins exaltante, un peu de sens. Comment ne pas d'abord rappeler que toute entreprise de rénovation moderniste de l'Égypte se noie dans l'océan de la démographie ? Quand je suis arrivé en Égypte, en 1953, le pays comptait 28 millions d'habitants, on en dénombre aujourd'hui 75 millions. En un demi-siècle… Défi impossible à relever, dût le barrage d'Assouan avoir apporté un surcroît d'énergie et une plus grande efficacité dans le développement de la terre.

Gamal Abdel Nasser

Ce qui se dégage de ces vingt ans de nassérisme, que l'on y rattache ou non le geste éclatant de son successeur Anouar al-Sadate à Jérusalem, ce qui se dégage donc du nassérisme, du point de vue égyptien, est la liquidation de cent cinquante ans d'une culture à dominante méditerranéenne, mi-originale mi-importée, plus ou moins gréco-latine, liquidation opérée sans qu'ait été préparée une culture autochtone de substitution. Au-delà même de cette véritable révolution, le coup d'état-major de 1952 renverse une certaine classe de pouvoir cosmopolite au profit d'une autre classe issue de la terre égyptienne, c'est la victoire ambiguë de l'authentique sur l'universel au prix de l'exil de minorités puissamment enracinées et devenues indispensables à la collectivité égyptienne.

À cette extraordinaire bigarrure qu'est l'Égypte de la fin du XIXe et du début du XXe siècle, cette pyramide instable où s'entremêlent et s'empilent le Turc et l'Anglais, le Syro-Libanais et le Grec, l'Italien et le Français, a été soudain substituée, manu militari, une nation dominée par une couche sociale surgie de la campagne égyptienne : Naguib et Nasser, Sadate et Moubarak, au teint bronzé et à la démarche un peu lourde. Ces Nilotiques sortent de l'Ancien Empire. Pour le meilleur, pour le pire ? Est-ce un repli historique ? Un retour à l'authenticité ?

Il s'agit d'un véritable basculement historique ; ce retour au terrien, à l'originel était inévitable, tôt ou tard, sous une forme plus ou moins brutale : l'Égypte malade de 1952 le portait en elle. L'agent de ce retour à la source s'appela Nasser, ou plus exactement Gamal Abdel Nasser, qui peut se traduire – je mets des réserves sur ma traduction – par « Beauté au service de celui qui donne la victoire », un nom bien chargé de promesses de gloire...

Mais, traduction pour traduction, on peut rappeler aussi que le village originel de la famille de Nasser, en

Haute-Égypte, se nomme Beni Morr, «les fils de l'amertume». C'est peut-être le titre qu'il faudrait donner à cette évocation historique de l'homme d'État en formation, dévié en héros malheureux.

CHRONOLOGIE

| 1918 Naissance à Alexandrie

| 1934 Obtention du baccalauréat

| 1936 Entrée à l'Académie militaire

| 1942 Amorce de la création
         des « officiers libres »

| 1948 Participation aux combats de la
         guerre de Palestine

| 1952 Coup d'État contre le roi
         Farouk Ier qui porte les
         « officiers libres » au pouvoir.
         Ils font appel à Naguib

| 1953 **18 juin**
         Proclamation de la République

| 1954 Éviction de Naguib – traité
         signé avec la Grande-Bretagne

| 1954 **25 février**
         Premier ministre de l'Égypte

Chronologie

| 1955 Participation à la conférence du Tiers-Monde de Bandoeng

| 1956 Élu président de l'Égypte – nationalisation du canal de Suez – expédition dite « de Suez » dont, militairement vaincu, il sort renforcé politiquement

| 1958 Fusion de la Syrie et de l'Égypte en une République arabe unie (RAU)

| 1961 Dislocation de la RAU

| 1967 Défaite dans la guerre des Six Jours contre Israël – démissionnaire, il est rappelé par son peuple

| 1970 Mort

Maquette : cedric@scandella.fr
Achevé d'imprimer en mai 2005
par Normandie Roto Impression s.a.s.
61250 Lonrai
N° d'imprimeur : 05-1126
N° d'éditeur : 2844
Dépôt légal : mai 2005
Imprimé en France